La voix d'airain

© 2020, Chatillon, Christine
Edition : Books on Demand,
12/14 rond-Point des Champs-Elysées, 75008 Paris
Impression : BoD - Books on Demand, Norderstedt, Allemagne
ISBN : 9782322203536
Dépôt légal : janvier 2020

Christine CHATILLON

La voix d'airain

Introduction
Le Maitre chanteur de Munich
Le familier
L'unique

À Jonas Kaufmann

Introduction

La voix d'airain est un recueil de poèmes dédié à Jonas Kaufmann, et faisant suite à un premier recueil, *La plume et la colombe*.

L'art de Jonas Kaufmann est une source d'inspiration inépuisable. Son chant, tel celui d'une Muse-Sirène, envoûte au premier abord l'oreille et le cœur de qui sait l'écouter et le ressentir. Il est vrai que ce chant n'est pas pour tous révélateur ; pour d'autres, il est une épiphanie. Il y a, dès lors, Jonas Kaufmann, et il y a les autres. Les autres, rassemblés, aussi grands qu'ils fussent, en une masse indistincte révélant par comparaison le caractère unique, incomparable, de l'art de Jonas Kaufmann. L'on ne vantera jamais assez la complétude de la panoplie de ses talents : extraordinaire acteur aussi bien que chanteur, il fait montre d'une intelligence de chant hors du commun, tout en cherchant et communicant l'essentiel, c'est-à-dire l'émotion. Alors, bien sûr, des chanteurs lyriques qui sont également d'excellents acteurs, il y en a. Qui pensent leur chant et véhiculent de l'émotion, il y en a aussi. Ce sont d'ailleurs les mêmes. Et pourtant Jonas Kaufmann se détache du lot, par un phénomène au vrai inexplicable. La justesse si subtile et infinie de son art n'y est pas pour rien, non plus que l'intériorité profonde de son chant. Il y en lui ce petit plus, ce je-ne-sais-quoi qui fait la différence, et isole Jonas Kaufmann des autres chanteurs. Dans l'art lyrique, et chez les voix féminines, seule Maria Callas avait précédemment réussi cet exploit. Le phénomène est ici comparable. Et tel Maria Callas, il ne fait pas l'unanimité. Il est impossible de la faire. Affaire de goût, affaire d'intelligence de l'écoute, aussi. Toutes les subtilités d'un personnage, d'une histoire, se retrouvent en chaque note, en chaque phrase, en chaque air que Jonas Kaufmann chante. Son chant *fait sens*. C'est un phénomène prodigieux.

Ce mot, « prodigieux », laisse entendre de façon sous-jacente que le phénomène Jonas Kaufmann tiendrait du miracle. Et le fait est qu'il y a de cela. « Prodige », « épiphanie », « miracle », un vocabulaire à connotation bien religieuse pour un art qui n'y est pas particulièrement voué. Certes l'art lyrique connaît des *œuvres* religieuses, mais le chant lyrique en lui-même est un instrument servant ces œuvres, comme il sert les autres, il porte donc en lui une neutralité autant qu'une polyvalence, qui retiennent de le qualifier à proprement parler de « religieux ». Et pourtant, terme à connotation religieuse encore, il y a quelque chose de *sacré* à entendre et écouter l'art de Jonas Kaufmann. Ne dit-on pas, du reste, « écouter religieusement » ? C'est-à-dire avec une concentration toute mystique, comme on écoute une prière ? Le chant de Jonas Kaufmann serait-il ainsi une prière ? C'est en tout cas une invitation de l'auditeur ou du spectateur à une transcendance certaine. Le sacré renvoie au premier abord à ce qui est intouchable, parce qu'en-deçà ou au-delà du domaine humain. Il serait vain de nier que certains, la plupart du temps certaines, manifestent un certain fanatisme vis-à-vis de Jonas Kaufmann : en ce sens, il serait intouchable, à l'abri donc de tout jugement de valeur, de toute critique. Il n'est pas sain de penser et de se conduire ainsi. Jonas Kaufmann est en effet bien humain, non divin, et dans cette mesure, oui, il a sa part de faiblesse autant d'un autre, qui peut parfois se ressentir dans son chant. Mais ce chant, et c'est là que l'on rejoint l'idée de sacré, et ainsi de religieux, a quelque chose, non pas d'inhumain, mais de surhumain. Il porte en lui la transcendance à laquelle il invite. C'est cette transcendance qui le rend source inépuisable d'inspiration, et qui fait de lui une Muse pour le poète, un matériau idéal pour le penseur. Voici exposée, bien laconiquement mais sincèrement, ma pensée.

Place maintenant aux poèmes, jamais bien éloignés de leur Muse…

Le maitre chanteur de Munich

Causerie à l'entracte

Sensation
Ombra di Nube
Wesendonck Lieder
To bis or not to bis
Jonas à Bruxelles
Le Chant de la Terre
Pazzo son !
Siegmund
À minuit
Non piangere
Parla piu piano
Le Maître Chanteur

Juillet 2016

Causerie à l'entracte

Le temps passe, et le chant de Jonas Kaufmann poursuit le chantier de son œuvre. De la même façon, la plume de votre servante poursuit le sien. « Avec le temps, va, tout s'en va », chantait Léo Ferré. Mais avec le temps, va, tout s'en vient aussi. Les nouveaux rôles, comme les anciens renouvelés. Et cette ponctuation régulière des concerts, alternant Opéra et Mélodies, lyrisme et intimisme : la Maison Kaufmann s'agrandit sensiblement. Tel une peau de chagrin, le répertoire du chant lyrique encore vierge de la conquête kaufmannienne se réduit à vue d'œil, et sa carte des territoires musicaux voit de plus en plus réduire sa part portant l'inscription « *terra incognita* ».

Il est impossible d'assister en live à toutes les manifestations de la boulimie lyrique de Jonas Kaufmann. L'on peut s'estimer heureux lorsque l'on a le privilège de vivre de tels moments de grâce. Votre servante a eu cette chance à plusieurs reprises, et s'en trouve en effet très heureuse. L'un de ces moments de grâce a cependant pris place dans un contexte hélas devenu aujourd'hui trop fréquent, ce qui ne l'en rend pas moins traumatisant, et qui est celui du terrorisme. Le 1er mai 2016, j'ai assisté au concert *Nessun Dorma*, closant à Bruxelles la tournée Puccini de Jonas Kaufmann, alors que la capitale belge venait de subir les foudres de la terreur. Il faut s'imaginer l'atmosphère, laquelle n'est pas si aisée à peindre. Des rues pratiquement désertes, sauf les festivités du 1er mai, petits ilots d'oubli festif au milieu d'un espace urbain vide, placé sous le signe de travaux et de surveillance policière. Mes amis bruxellois de déplorer : « Ce n'est pas cela, Bruxelles ». C'est dans ce décor et ces circonstances qu'eut lieu, dans la salle de concert du Bozar, le récital de Jonas Kaufmann consacré à Puccini. Durant ce concert, le temps s'arrêta en une parenthèse enchantée d'éternité. Oubliée la terreur, oublié le vide de Bruxelles la belle, la joyeuse, la festive : place à l'hypnose d'un chant emplissant cœurs et âmes en une joie transcendante. Les larmes coulant sur les visages, le souffle retenu au rythme des notes *diminuendo* et *pianissimo*, la bouche bée de toute une salle qui soudain laisse place à un tonnerre d'applaudissements sans fin, une foule qui se lève comme un seul homme pour ovationner son artiste aimé... Oui, soudain Bruxelles était bien vivante, ce soir de 1er mai. Elle était vivante, mais d'une vie tout ensemble métaphysique et physique au plus haut degré. Les cœurs semblaient exploser dans les poitrines, mais tous les êtres en qui ces cœurs battaient étaient déjà au ciel. Paradoxe en apparence, mais qu'importe. Paradoxe bien vivant, bien palpable, bien réel. Moment privilégié d'une vie désormais pour tous trop souvent inquiète et inquiétée.

Face à l'horreur de la réalité et au questionnement angoissé de l'avenir, une seule réponse : l'art. Le chant. Celui de Jonas Kaufmann. Face à un indicible sombre, un indicible lumineux. Voilà la réponse.

Et quelqu'un, votre servante, qui tente tout de même d'en parler, dans toute l'ampleur de ses limites. Mais lorsque la plume démange, rien ne peut l'arrêter. Cette plume, je la laisse donc voler, virevolter, au gré d'un chant en chantier, au gré d'un chant enchanté.

Sensation

L'harmonie confondue de variables couleurs,
Subtiles comme un arc-en-ciel versant son cœur...
Un sentiment mêlé de joie et de douleur...
Jonas : monde de soie, de vie, et de torpeur.

Jonas, qui se rapproche plus de l'absolu,
Que tout homme ou tout dieu, en sa caverne sombre,
Où la lumière ploie comme proie ou comme ombre –
On dirait qu'en mon cœur et mes yeux il a plu.

Peut-on briser un cœur et le rendre vivant,
Comme ressuscité d'une vie trop morose
Qui cherche, cherche encor, quelqu'un ou quelque chose ?

Lors ton chant apparaît, nous enivre d'encens,
De celui que l'on sème, de celui qu'on sent :
Si la vie est épines, tu en es la rose.

Ombra di Nube

Il m'a semblé… Mais non. Seule ta voix chantait ;
Seule m'apparaissait cette troublante image,
Celle que reflétait si profond ton visage...
Il m'a semblé… Mais non… Il m'a juste semblé…

Il m'a juste semblé voir passer par-delà
Les nuées de notre ombre une lumière étrange,
Comme l'aube dorée des ailes d'un archange ;
Il m'a juste semblé… Voir passer un Horla.

Mais Horla apaisé, trouble sérénité,
Que l'on trouve au-delà de l'arc-en-ciel immense,
Qui fait notre âme pure, ou folle, mais intense :

Il m'a juste semblé que cette éternité
Que l'on pressent parfois, était comme un été.
Il m'a juste semblé… Nuage, quand j'y pense.

Wesendonck Lieder

Ange, immobilité, serre, souffrance et rêves :
Les cinq doigts de la main d'un démiurge mystère,
Cinq étoiles brillant comme cœur de la Terre,
Comme feux du soleil, d'un monde qui s'achève.

Une voix qui s'infiltre, telle une torpeur,
Douce et mélancolique, ensemble humble et puissante,
Univers de douleur éplorée et chantante,
Prémisse de Tristan, d'Yseult, et de leur cœur.

Un homme sur la scène, pleurant ce silence
Musical et profond, osant chanter son cri,
D'un chant trouvant sa place au tréfonds de l'immense.

Et mon âme est saignante, du sang de la foi,
Celle qui disparut de mon corps et reluit,
Grâce à la lune trouble qui sommeille en toi.

To bis or not to bis

Telle est la question. Bis ! Le chanteur doit-il donc
Obéir au désir d'un public en délire ?
Ou prétendre que solitude n'est au fond
Que l'essence de l'art, l'essence de la lyre ?

Mais les étoiles brillent. Doit-on les éteindre ?
Doit-on couper la nuit d'une lumière crue ?
Aussitôt lune pleine : aussitôt disparue ?
Aussitôt soleil sombre : ne peut-on le peindre ?

Oui, les étoiles brillent. Qu'il en reste encore…
Oui : bis ! Que les étoiles brillent sans relâche,
Car un critique dur est un critique lâche,

Qui ne sait reconnaître le chant de l'aurore.
Chanter, critique, est une dure et lourde tâche…
Critique, tu ne sais pas reconnaître l'or…

Jonas à Bruxelles

Quand Bruxelles bruxellas, ce fut pour Jonas.
À l'heure où la torpeur envahissait la ville,
Bruxelles mort-vivante, Bruxelles tranquille,
Jonas vint et retint, en un moment de grâce,

Le temps qui va, le temps qui vient, le temps qui passe…
Les étoiles qui brillent, nul ne dort, et lors,
La ville en son théâtre éveille un monde d'or,
Un Bruxelles venu d'horizons feu et glace,

Applaudissant, éperdu, son artiste aimé,
Universel, ensemble Bruxelles incarné…
Jonas conquit le monde, en cette ville nue.

« Un trouble s'éleva dans mon âme éperdue » :
Qui ne se sentirait Phèdre en cet instant Roi :
Celui où, cher Jonas, l'on n'entendait que toi.

Le Chant de la Terre

Lorsque la Terre chante, Jonas en est l'âme,
Car Jonas en est larmes, Jonas en est cri.
Mes pleurs sur mon visage coulent sans un bruit :
Mahler ressuscité revient en une flamme.

Deux voix en une pour une douleur chantée –
Jonas est cette voix, enivrée, enivrante,
Cette voix clair-obscur, envoutée, envoutante ;
L'esprit sombre est hanté de cette voix lactée.

Défi lancé au ciel, comme un troublant orage,
Venu d'outre la Terre pour crier aux dieux
Que l'ivresse profonde des temps et des lieux

Est un miroir glacé renvoyant notre image.
La mort attend, patiente, celui qui, le mieux,
Aura su devenir un enfant, ou un sage.

Pazzo son !

Que Manon a-t-elle donc, qui rend irrésistibles
Caprices et folies dont tu es victime,
Des Grieux ? Car l'aimer serait-il donc un crime ?
Manon est tout amour, et tu en es la cible.

Manon est tout amour, mais un amour doublé :
Pour elle tout doit être luxe et volupté…
Elle comprit trop tard que cet appel d'été,
Auquel elle aspirait, était un cœur aimé.

Des Grieux, quel appel serait ton propre été ?
Abandonné, fini en un désert de larmes,
Dans les bras de Manon, et Manon dans tes bras…

Manon est pécheresse, et tu en es l'appât…
Mais gare à ton malheur : ainsi céder aux charmes
Mène à la mort. Qu'importe… Jonas a chanté.

Siegmund

Viens Sieglinde, ma sœur, mon autre, ma jumelle,
Que je retrouve enfin, t'ayant toujours connue,
Séparés, mais d'instinct de suite reconnue,
Celle dont les cieux parlent en disant : « C'est Elle ! »

Et toi, die Walküre, mon autre sœur, merci...
Merci de ton amour, merci de tes efforts,
Pour nous sauver, jumeaux et enfant, de la mort,
Malgré Wotan, dieu père à la colère cri.

Je meurs, ma sœur, mes sœurs – mon père, de ta main,
Infanticide d'un fils incestueux et pur...
Ma jumelle, je t'aime et vis en notre fils ;

Mon âme sœur, mêlons en un trouble sursis,
Au-delà de l'enfer, au-delà de l'azur,
Un symbole nommé simplement lendemain.

À minuit

À minuit j'entendis monter un chant de l'ombre,
Chant d'outre désespoir tonnant depuis la tombe,
Orage surpuissant d'un cœur que le ciel plombe,
Dont même les étoiles sont devenues sombres.

À minuit s'éleva un cri, presque un silence,
Coup de dague en la nuit d'un azur déserté,
D'un espoir survivant tentative avortée -
Mon être alors trembla cette macabre danse…

L'humanité entière est un poids de Sisyphe :
L'homme seul se fracasse sur ce noir récif ;
Dieu seul alors paraît se faufiler sans bruit.

En la crevasse rouge d'un crâne plaintif,
Apparaît une croix en ce lieu ébloui :
L'âme crue de Jonas qui se lève à minuit.

Non piangere

Elle pleure, l'esclave, de ce beau sourire
Qu'un prince lui offrit au détour du palais ;
Elle pleure, l'esclave, elle pleure à jamais,
Elle qui pleurera, toujours, jusqu'à mourir.

Et qui ne pleurerait à ce chant doux et pur,
Si simple et tendre et trouble, et si belle innocence,
De celle de l'esclave, ou celle de l'enfance,
De celle qui nous semble tomber de l'azur ?

Mes larmes coulent sombres sur mes joues amères,
Des larmes transparence et douleur tout ensemble,
Des larmes droit venues d'un sang dont le cœur tremble,

Des larmes qui me sont précieuses et chères…
Oh, me noyer au plus profond de cette mer !
Ne plus pleurer, mais fondre en ce chant qui rassemble…

Parla piu piano

Tout doucement, en un murmure de printemps,
S'éveille en mon oreille une voix pure et tendre.
Imperceptiblement, mon être croit entendre
Le chant d'un amour trouble, qui défie le temps.

Oh, l'amour éternel que nul ne sait comprendre,
Sauf les amants cachés et heureux et fidèles,
Dont les cœurs, débordant d'une passion nouvelle
Ne pourraient se lasser, et ne sauraient attendre !

Parle plus bas, amour, le monde que tu vois
N'est pas celui des justes, c'est un monde étrange,
Qui meurt de jalousie, s'aigrit, se meut, se venge.

Il ignore l'éternité que toi et moi
Formons en un amour qui nous est notre loi.
Je les entends au loin, et c'est la voix d'un Ange...

Le Maître Chanteur

Singulier chevalier, qui devient le disciple
D'un simple cordonnier, mais qui maitrise l'art
Du chant, de l'harmonie, miracle du hasard,
Et gagnera sa belle au bout de son périple.

Opéra bien étrange, chant parmi le chant,
Né de l'esprit fécond du dieu des légendes,
Qui choisit pour héros, au détour de sa lande
Mystérieuse et lourde, ce cœur bondissant.

De ce jeune héros, Parsifal est-il l'ombre ?
Un chant les réunit, le chant de qui faillit
Comme simple écuyer, et devint le Gardien

Du Graal de la musique – car ce Temple est sien.
J'aperçois dans mon cœur des étoiles sans nombre…
Voyez ! Jonas scintille au plus profond des nuits.

Le familier

D'où vient… ?

Dolce vita
Révolution
Le familier
Impatience
Le Lion aux mains d'argile
Niun mi tema
L'anima ho stanca
Qui m'aurait dit la place..?
Le rêve
Don CarlosT
Mélodie du soir
L'âme

Novembre 2017

D'où vient… ?

D'où vient ce sentiment étrange de familiarité qui envahit tant de nous à l'écoute du chant de Jonas Kaufmann ? Il est une proximité indéniable de son chant à l'âme de ceux qui l'entendent et en sont touchés. Cette assertion ne signifie en aucun cas que le chant de Jonas Kaufmann soit reçu de façon unanime. Elle signifie simplement que lorsque ce chant touche, il va droit au cœur. Il se fraye un chemin dénué d'obstacles, comme la flèche atteignant le cœur de sa cible. Le phénomène est déroutant. Il questionne.

Jonas Kaufmann insiste toujours sur la dimension émotionnelle du chant. Le chant doit exprimer une émotion. Sans doute la réponse réside en cette réalité : l'émotion. Mais il est extrêmement difficile de véhiculer une émotion par le chant en sus de celle suscitée par la musique. Les deux ne peuvent évidemment pas être séparés, puisque le chant innerve la musique, et la musique, le chant. Mais il est une façon de se couler dans les notes qui ne véhicule que celles-ci, et si elles sont belles, elles parlent d'elles-mêmes. C'est alors la composition que l'on entend, plus que l'interprète. Il est également un autre chant, celui précisément de Jonas Kaufmann, qui ajoute une pâte créatrice à la composition. C'est la part de l'interprète lorsqu'il devient créateur. Et pour peu, comme avec Jonas Kaufmann, que l'on ait affaire à un interprète créateur de génie, immédiatement la transcendance s'opère. La composition semble connue : l'on n'entend plus que l'œuvre que l'interprète en fait. Mais également, par un étrange paradoxe, la composition est révélée. Combien d'arias ont pu sembler communs dans la bouche d'autres interprètes, et sont devenus une révélation, dans la bouche de Jonas Kaufmann ? De l'air de Luisa Miller de Verdi, « O fede negar potessi… Quando le sere al placido », à l'air du Cid de Massenet « Ah, tout est bien fini… Ô souverain, ô juge, ô père », en passant par « Non piangere, Liù » du Turandot de Puccini, empreint de tant de douceur, combien d'airs sont apparus dans toute leur dimension, grâce à l'interprétation de Jonas Kaufmann ?

Il n'est pas facile d'insuffler l'émotion dans les notes. C'est presque entreprise surhumaine. Et pourtant, le phénomène a l'évidence du naturel dans la bouche de Jonas Kaufmann. Et ce phénomène est très troublant. Car il ne s'agit pas d'un chant comparable aux autres. C'est un chant hors normes.

L'on ne peut ainsi comparer Jonas Kaufmann, car il est incomparable. Comme on dit trivialement, « il ne boxe pas dans la même catégorie ». C'est sans doute la raison pour laquelle la plume de votre servante continue de vagabonder, cherchant, cherchant encore... Cherchant qui, cherchant quoi... Je l'ignore. Mais suivant, suivant un chant en perpétuelle avancée, cela est certain.

Affaire à suivre...

Dolce Vita

Napoli, Napoli, cité de tous les chants !
Les humeurs colorées y parcourent les rues…
On dirait que la mer devant moi a couru,
Me montrer le Vésuve en brouillard haletant.

Teatro San Carlo. D'or et de nuit vêtue,
La salle s'illumine des spectres du temps.
Merveille entre merveilles : suis-je entrée antan ?
Je ne sais. Seulement, que lors je me suis tue.

Cette langue italienne, parlée ou chantée,
Résonne en toi, en moi, comme un envoûtement.
Je ne sais plus alors si la vérité ment :

Je la croirais en tout et en toi, tellement
La nature harmonieuse en mon cœur est entrée,
Avec ce doux parfum, encens d'éternité.

Révolution

Chénier, Munich ou Londres, restera Chénier.
Et qui donc pour ainsi le faire vivre chant ?
Qui pour nous emmener, nous embarquer antan,
Sinon Jonas, oui, qui ? Qui donc pour l'incarner ?

Improvisation ou dernier chant du cygne,
Tout est poème en lui. Tout est poème en toi.
La Muse vie ne sait s'arrêter à l'effroi
De la lame qui tombe comme un sort insigne...

Chénier est un symbole que tu rends vivant –
Aussi vrai que le jour, aussi vrai que le vent,
Aussi désespéré que la mort qui s'en vient.

Mais les vers de la tombe ne mangeront rien !
Ils mangeront un corps, lorsque l'âme revient.
Ils ne mangeront rien : car tu restes présent...

Le familier

Je n'ai pas fait ce rêve familier, pourtant,
Cette voix m'est à moi pure réalité –
Comme un appel, comme un écho, comme un été,
Qui est venu bien tôt, qui m'est venu d'antan.

J'étais ensommeillée, lors, pourtant, lorsqu'il vint
Éveiller en mon âme cette flamme obscure,
Ce feu qui illumine et embrase l'azur ;
Et ce feu depuis lors jamais ne s'est éteint.

Comment qualifier la foudre d'une voix –
D'un chant qui, sans venir, frappe tout d'une fois ?
Comment qualifier ce précieux souvenir

Qui n'en sera jamais, tant que la vie sera ?
Le familier s'invite en moi comme une aura :
Il n'est plus qu'à laisser le destin revenir.

Impatience

Otello, viens à moi ! Comme venu à lui…
Comme une âme prenant un corps étranger luit,
Comme musique sombre emporte galaxie,
Et comme sentiments inondent les instruits !

Otello, qui es-tu ? Mystère entre les doutes,
Général, Maure, Lion, étranger parmi toutes –
Sauf une, ton épouse, qui te prit en route,
Celle de ton destin, qui finit comme joute.

Mais quel est l'ennemi t'empoisonnant le sang ?
Iago ? Feu jalousie ? Ou serpent innocent,
En ton âme, en ton corps, doucement s'insinuant…

Je ne sais si tu es lui, non, mais il est toi.
Comment savoir où l'un commence, où finit moi ?
Otello peut être Lion. Mais Jonas est Roi.

Le Lion aux mains d'argile

Qui eût dit qu'Otello fut voile de dentelle,
De celle du mouchoir dont il fit don à femme,
De celle qui s'empare, toile, de notre âme,
De celle en qui le vent en la soie s'entremêle ?

Qui eût dit qu'Otello fut un marbre d'argile,
Colosse aux mains de ronce, aux yeux empoisonnés
D'un enseigne saignant la jalousie innée ;
Qui eût dit qu'Otello fut un Lion fragile ?

Le serpent s'insinue dans un sang qui murmure,
Et qui bout tout ensemble un amour désarmé :
Voici le Lion ! Celui qui se croyait aimé,

Et qui le fut, lui qui s'éprit d'une âme pure,
Une âme guérisseuse dont il fut blessé.
Il se fit un enfer de ce brasier d'azur…

Niun mi tema

Nul ne craigne Otello, lui qui fut. Et pourtant,
S'il en est un qui doit le craindre, c'est lui-même.
Otello fut, oui certes, mais Otello aime :
C'est là sa tragédie qui transperce le temps.

On entre en Otello comme on entre en un temple :
Avec respect, avec terreur, avec amour ;
Comme un présent, comme un jamais, comme un toujours.
En toi Otello vit, et le monde contemple.

Et il pleure. Les larmes coulent comme sang
Sur le destin d'Otello plus que de sa femme.
Tu réussis ce pari d'attiser la flamme

Sur le Maure brisé et non sur sa victime.
Tu as hissé Otello par delà les cimes ;
Tu as tissé de lune ce rôle écrasant.

L'anima ho stanca

Tu erres l'âme lasse, hélas, en ton cœur sombre,
Comme en un tombeau rouge d'ardeurs trépassées.
Une flamme nouvelle en toi a remplacé
Celle qui désormais n'est même plus une ombre.

La noblesse a cédé la place à l'art des planches,
Et te voici épris de la belle Adrienne,
Ornement de tes jours, Française Comédienne,
Que ton amour approche comme rose blanche.

Mais la mort est tapie dans l'onde de ses charmes.
Un bouquet de violettes en est la seule arme ;
S'emplir de sa fragrance conduit au trépas.

Lorsqu'Adrienne aura respiré son destin,
Et que tu la tiendras, expirante, au matin,
Alors ton âme lasse enfin tu comprendras.

Qui m'aurait dit la place..?

Un cœur désespéré d'aimer comme de vivre ;
Un cœur si passionné qu'il en devra mourir ;
Un cœur dont nous devons, spectateur, nous instruire ;
Un cœur qui se dévore comme l'or d'un livre…

Une âme poétesse aussi bien que meurtrie ;
Une âme dont les fils sont tissés de vermeil ;
Une âme qui déchire et caresse l'oreille ;
Une âme amie qui vient murmurer un oubli…

Werther ! Les tilleuls sombres ne suffiront pas
À épuiser les pleurs causés par ton trépas !
Werther ! Les flocons blancs sont rouges de ton sang.

Werther ! Comme musique est ternie de ton glas !
Werther ! Comme ta voix sonne comme l'encens…
Jonas ! Tu es Werther, comme vie, comme vent...

Le rêve

Oui, en fermant les yeux, l'on peut voir tout un monde ;
Peu importe qu'il soit de marbre ou bien de rêve ;
Peu importe qu'à l'aube son ombre s'achève,
Puisqu'il est plein de foi transcendante et féconde.

Oui, en fermant les yeux, Manon peut apparaître
Belle et heureuse et pure, et dans tes bras tendus,
Cher Des Grieux, si preux chevalier attendu
Par les songes de celle qui les a vu naître.

Tout est dans cette voix que tu donnes voilée,
D'un *sfumato* Da Vincinien qui est un signe
De ton chant délicat comme licorne ailée.

Ton génie rend celui qui t'entend si indigne,
Surtout lorsque lui chante, comme chose insigne ;
Mais une chose est sûre : tu nous fais aller.

A.A.

Don CarlosT

Perdu au creux des cendres d'un amour profond
D'un fils qui ne sait l'être et qui n'est point un fils,
Ni pour un traitre père qui le veut occis,
Ni pour une amoureuse poussée dans l'abscons,

Carlos, tu erres, fils, amant, désespéré,
Perdu comme un Œdipe au sein d'une famille
Qui joue avec toi, comme un enfant joue aux billes ;
Qui perd – perd, mais toi tu n'auras jamais gagné,

Manipulé par un ami dont les eaux troubles
T'auront encore confondu dans tes transports,
Envoyé vers la Flandre, terre aux mille morts,

Te voilà démuni au milieu des jeux doubles :
Un père infanticide te vole ta femme,
Mais c'est toi qui en nous entretiens la flamme.

Mélodie du soir

Oh ondes apaisées d'une mélodie sombre,
Duparc et Baudelaire se tiennent la main ;
Jonas, toi tu les guides sur ce beau chemin –
La lune même semble alors n'être qu'une ombre…

Oh torrents impétueux d'un piano qui égrène
Les notes comme gouttes d'une eau en furie ;
Puis le calme serein d'un courroux qui a fui…
Mon oreille traine ton chant comme une chaine…

Que la nuit est amie de ces désespérances…
Un piano, une voix, et tout n'est que silence ;
Le monde pour un temps se pose en un sursis.

Ta voix murmure au monde tout un paradis ;
Les étoiles entament en leur noir une danse :
La Musique est si grande, et l'Homme est si petit.

L'âme

Quelle est cette onde obscure qui en nous s'anime,
Lorsque ta lèvre s'ouvre et que l'or s'en échappe ?
Quelle est cette torpeur, qui saisit en sa trappe
Notre âme, quand tu chantes comme on se sublime ?

D'où vient cette alchimie entre toi et le monde ?
De la lèvre à l'oreille il est tout un chemin,
Qui disparaît lorsque tu nous prends par la main,
Pour nous mener vers ces contrées si vagabondes.

Le voile gris du doute un instant se soulève,
Pour laisser apparaître la révélation :
La Bhagavad-Gita est ton œuvre, est ton nom…

Suis-je la proie de douces hallucinations ?
Suis-je au cœur de ce monde, ou dans l'antre d'un rêve ?
Qu'importe ! Que jamais ce doux chant ne s'achève…

48

L'unique

Tendre l'oreille

Vie, violence
À l'absent
Quand du Saigneur
Barque à rôles
Le retour
La perle
Complétude
Murmuration
Il canto
In fernem land
L'imaginaire
L'horizon

Juillet 2019

Tendre l'oreille

Il faut parfois tendre attentivement l'oreille pour saisir, si ce n'est l'intégralité, du moins l'extraordinaire subtilité du chant de Jonas Kaufmann. Il recèle en son art un paradoxe, qui est pour beaucoup d'être une épiphanie, ce qui relève donc ici de l'évidence, et d'inciter à creuser ce chant par une attention toute particulière, ce qui relève là du travail. Oui, une révélation s'impose, une écoute se travaille.

Deux exemples parmi une foultitude, du travail du chanteur appelant le travail de l'auditeur : « Nessun Dorma » tiré de *Turandot*, de Giacomo Puccini, et « Dio, mi potevi scagliar », tiré de *Otello*, de Giuseppe Verdi, dans la version incarnée du Royal Opera House à Covent Garden à l'été 2017.

Écoutez bien « Nessun dorma » chanté par Jonas Kaufmann. Il y a quelque chose de différent ; quelque chose de profond ; quelque chose qui incarne l'opéra même dont l'aria est issu. C'est l'écho du triple « Vincero » final à la triple énigme précédemment posée à Calaf par Turandot. Avec Jonas Kaufmann, le premier « Vincero » se veut prudent mais tendu vers l'avenir aspiré, épouser Turandot. C'est l'écho de la première énigme, l'espérance, *la speranza*. Le deuxième « Vincero » s'affirme bien plus nettement. Il est empreint de vigueur et de volonté, d'un élan que rien ne semble pouvoir arrêter. C'est l'écho de la deuxième énigme, le sang, *il sangue*. Enfin le troisième et dernier « Vincero » est totalement signe de victoire assurée : Turandot ne connaîtra son nom que de sa bouche même, lorsqu'il y posera un baiser, tandis que lui a déjà vaincu, il a déjà deviné son nom à elle, triomphant ainsi de son épreuve de la triple énigme, la réponse à la troisième énigme étant le nom de *Turandot* elle-même. La victoire annoncée va ainsi *crescendo*. Mais c'est un *crescendo* qui a du sens. Il s'insère, il reflète, même, tout l'Opéra de Puccini. C'est unique. C'est remarquable.

Le deuxième exemple que je donnerai est celui du *Otello* donné en 2017 au ROH à Covent Garden. Focalisons-nous sur l'aria « Dio, mi potevi scagliar ». Iago vient d'insuffler en Otello le venin du doute, la probabilité extrême que son épouse adorée Desdemona le trompe avec Cassio. Dans cet aria pilier de l'Opéra, beaucoup de ténors essaient de faire sortir une sorte de bestialité du personnage, libérée une fois qu'il apprend l'adultère de sa femme. Jonas Kaufmann ne sombre pas dans cette facilité ridicule. Il est beaucoup plus subtil. Il arrive à faire passer, dans la première partie de l'aria, qu'il est déjà tout simplement sonné, KO, comme un boxeur au tapis. Puis vient vite une incrédulité mêlée d'une colère teintée de mépris: « Moi qui ai vécu tous les affres possibles, il faut encore que je subisse ce coup au cœur ». Puis vient la douleur, exprimée avec douceur, et non avec force. Ce sont les *pianissimo*, là où on ne les attend pas nécessairement. C'est une douleur qui d'abord n'a plus de force, presque résignée. Le temps de cette résignation, a eu le temps de monter la colère. Et là c'est l'explosion. Cassio est là. « O Gioia! », suivi cependant de l'expression « Horreur, supplice immonde ». La douleur ne quitte pas la colère. Elles fonctionnent en complément, côte à côte. Ainsi cet aria chanté par Jonas Kaufmann, tel que dans cette production du ROH, se révèle un véritable tableau tout en finesse du personnage d'Otello, et nous permet de décortiquer l'évolution de ses sentiments et de ses émotions, qui vont le conduire à tuer la femme qu'il adore pourtant. Avec Jonas Kaufmann, le mystère Otello repousse ses frontières.

Combien de chants supportent ainsi l'analyse ? Il n'est d'égal, pendant féminin, que celui de Maria Callas. Les belles voix, il y en a. Les chants mélodieux aussi. Mais une telle subtilité véhiculée uniquement par la voix, autant dans l'intelligence que dans l'émotion, ne se trouve au masculin que chez Jonas Kaufmann. En cela, il est véritablement unique. Tendez bien l'oreille, écoutez ; et vous entendrez.

Vie, violence

Je te maudis, mon âme, mon épouse et flamme,
Je t'humilie, et prêt à te tuer pour rien,
Pour un petit mouchoir que m'a montré d'aucuns,
C'est moi que je punis d'illusion infâme.

Otello connaît-il un regret d'assassin ?
Ce qui ne fut qu'amour finit en violence.
Pourtant comment douter d'une pure innocence,
Qui se donnait à lui, âme et corps, aux siens ?

Sombre et profond mystère du Lion enragé…
Bien né qui cernerait ses multiples facettes,
Et saurait les chanter du cœur d'un passionné.

Il est né, cet Élu que la vie attendait.
Jonas nous offre l'or du héros, et de fait,
Dans nos cœurs bat son chant comme en une amulette.

À l'absent

Ressasser le passé comme le chant du cygne
Envahit de douleur et de paix l'alentour ;
L'inquiétude sourde qui, pas de velours,
Attend, attend toujours, attend l'ombre d'un signe...

Que le manque concret est affaire cruelle !
Tu recèles le bien le plus précieux en toi :
La Graal tant attendu, le bronze de ta voix.
Comme l'on s'habitue aux choses les plus belles...

Reviens-nous, reviens vite : l'horloge murmure,
Nous hante, et l'invisible te fait plus obscur.
Non abbiamo tenor : l'ironie bat son plein !

De Mario ton égal, Jonas, il n'en est point.
Notre espoir cependant, je le sais, n'est pas vain :
Confiance en le Temps et en Dame Nature...

Quand du Saigneur

Poignante, en vérité, cette ordalie terrible
Que mener au supplice l'enfant bien-aimé !
Même au nom du Seigneur, comment sacrifier
Une part de son cœur, atteint comme vraie cible ?

Abraham obéit à l'injonction funeste :
Mort dans l'âme il dressa l'autel du désespoir,
Au nom de Dieu, quitte à se perdre, au nom d'y croire ;
Il est allé jusqu'à entreprendre le geste.

Ce murmure qui sourde en le chant de Jonas :
« C'est moi... Moi.. » n'est que déchirant calvaire à l'âme...
Qui peut imaginer un destin si infâme ?

L'appel de l'au-delà a-t-il vraiment sa place
Entre deux cœurs unis par une chaste flamme ?
L'arrêt est pour le père ; mais pas le bon, hélas...

Barque à rôles

Muse et poète suivent les vagues du vent,
Bercés par une brise qui sent bon les rêves.
Ils attendent peut-être que la nuit s'achève...
Muse et poète épuisent la vie en chantant.

Ils échangent leur chant à défaut de leur rôle :
Le ténor devient femme, et baryton la Muse ;
C'est la fin du concert, et les chanteurs s'amusent,
Au fil au parfum d'or de cette barcarolle.

Le public est conquis, et lorsque Jonas ose
Prendre voix de soprane en le bouquet final,
Même Muse est surprise et ravie de la chose.

Le poète est bien là. Jonas l'original,
Cent fois sur le métier vient tout remettre en cause –
Car l'imagination ne génère aucun mal.

Le retour

Nul ne dorme, Jonas est là sous son absence :
Il brille d'un éclat sombre comme la nuit ;
Point le jour, et Jonas vient en soleil qui luit –
Il est là, du parfum ambré de sa présence.

Force de son destin, tel un phénix il hante
L'Opéra du musc noir d'une voix qui s'impose.
Que la voix de Jonas est une douce chose !
Et c'est l'envoûtement lorsque ce phénix chante…

Ô quelle complétude que l'or qui s'échappe
D'un humain qui souvent se mêle à l'irréel !
Se peut-il qu'on se sente transporté au ciel

Par l'effet seul d'un chant qui nous vient et nous happe ?
Tel un ravissement, l'on est pris dans ce miel,
Et l'on se sent béni de tomber dans sa trappe.

La perle

Comme un pêcheur de perles voguant vers la rive,
Enivré du trésor qu'il vient de découvrir,
Je découvris ta voix, et en un doux sourire,
Je rangeai une à une mes vieilles archives.

Que n'as tu donc chanté la mélodie céleste
Qui ponctue de caresses mon âme blessée ?
Je crois l'entendre encore en mon oreille bée,
Comme tu l'écrirais sur un vieux palimpseste.

Ô nuit enchanteresse, aurais-je donc rêvé
Ce chant tombant des nues dans ta voix enivrante ?
La mélodie en toi aurait été charmante,

Plus qu'aucune autre voix ne saurait la chanter.
Et pourtant il existe ce bel air qui hante
Mon imagination si joliment bercée…

Complétude

Si la femme est frivole, qu'est donc la personne
Qui allie homme et femme en un unique chant ?
La douceur en enrobe le trouble tranchant :
C'est l'hybride mythique dont la voix résonne.

Cet hybride, c'est toi, Jonas, à l'art complet,
Dont la féminité tendrement révélée
Innerve la Musique de fragilité,
Là où le mâle dur tombe en un tourniquet.

Et cette complétude est une épiphanie ;
Comme un puissant murmure surgirait d'un cri,
Comme une foule émerge de la solitude.

Il est comme un éveil en la profonde étude
De la richesse rouge de ton chant béni.
Et ce chant chaque jour sonne comme un prélude…

Murmuration

Semblable à la nuée des oiseaux qui s'envolent,
Multiples tout en un, qu'on dit murmuration,
Ainsi est la palette emplie de création
De ton chant déployé en une danse folle.

Tantôt sombre corbeau, tantôt pure colombe,
Ton chant en son ensemble est poème sonore :
Chaque mot, chaque vers, chaque strophe y honore
La déesse Musique et ce, jusqu'à la tombe.

Tel un frêle moineau, mon oreille enchantée
Tente de se frayer un chemin vers l'aurore,
Où mène ta voix d'or et d'arc-en-ciel mêlés.

De vagues étincelles parviennent, sonores,
En mon âme captive, sereine et troublée,
Qui attend simplement que tu chantes encore.

Il canto

Dansant comme le vent au son vif de ta voix,
Je me laisse bercer par le suave sourire
De ton chant sans pareil, que le ciel seul sait lire –
S'installe le bonheur dans ma vie aux abois…

La brise qui balance ce chant de soleil
A l'odeur ineffable de son Italie ;
J'inspire sa fragrance, et soudain l'éclat luit
D'une aurore marine au doux son de vermeil.

Il est comme une vie emplie de nostalgie
Dans ce chant douloureux et passionné ensemble ;
C'est un chant que l'on aime, car il nous ressemble :

Il fleure bon l'amour, et le temps du pays.
Et je me remémore au milieu de l'oubli,
Et soudain tout mon être séduit croule et tremble…

In fernem land

Dans un pays lointain naquit une colombe,
Chant aux ailes de cygne, au son de rossignol,
Qui par-delà le monde épanouit son envol.
Cette âme oiseau de bronze, noir comme la tombe,

Conquiert toutes les âmes qui savent l'entendre ;
L'écho en sonne l'ombre comme un absolu,
Et son halo de lune est un soleil élu.
Est-ce hallucination, ou bien un rêve tendre,

Que la voix de phénix de ce chant voluptueux ?
Je l'entends, et soudain me surprends de faiblesse
Pour ce timbre velours, plus doux qu'une caresse,

Qui recèle un trésor en un écrin somptueux.
Et j'écoute, et j'écoute cette voix des cieux :
Et je sens mon cœur battre à ce chant qui le blesse.

L'imaginaire

Ma Muse écrit ses vers tendant vers l'horizon –
Un lointain de pur songe, mais tissé d'azur.
Elle se mire étrange dans un temps futur,
Un miroir aux reflets qui semblent sa maison.

Cette maison est chant, et ce chant et miroir,
D'une âme transcendée qui défie le destin.
Ombre du soir mêlée aux ondes du matin,
Ce chant croît en mon cœur comme croît un espoir.

Et j'embarque en ce chant, comme on respire l'air –
La vie est trop houleuse pour moisir en vain.
L'on se dit que, peut-être, alors, un jour prochain,

Viendra à nous cet or d'un nouveau lendemain.
Puis la flèche acérée perce comme l'éclair
Tout l'éclat de ce chant, frôlant l'imaginaire…

L'horizon

Vers où vole la voix à l'éclat mélodieux,
Qui s'échappe en un chant aux couleurs de l'azur,
Qui sombre en nous happant au creux de l'onde pure,
Et qui sensuellement nous évoque les dieux ?

La profondeur de l'Homme, en son rire et ses larmes,
En est le créateur, aussi bien que le fruit.
Ce chant fait taire en nous tout ce qu'il est de bruit,
Pour nous emplir entiers des vagues de ses charmes.

Souvent le cœur de l'homme lui semble prison :
Cette voix le libère de ses affres noires,
Et lui offre, Pandore, l'éclat de l'espoir.

Ce chant que je célèbre bannit la raison.
Sensualité pure, et loquace miroir,
Il ouvre à qui l'écoute tout un horizon…